图说纪检监察

中共山东省纪律检查委员会
山东省监察委员会
主编

山东人民出版社·济南
国家一级出版社 全国百佳图书出版单位

图书在版编目（CIP）数据

图说纪检监察 / 中共山东省纪律检查委员会, 山东省监察委员会主编 .— 济南：山东人民出版社, 2023.11
ISBN 978-7-209-14709-5

Ⅰ. ①图… Ⅱ. ①中… ②山… Ⅲ. ①中国共产党－纪律检查－工作－图解 ②行政－监察－工作－中国－图解 Ⅳ. ①D262.6-64 ②D630.9-64

中国国家版本馆CIP数据核字（2023）第122821号

图说纪检监察

TUSHUO JIJIAN JIANCHA

中共山东省纪律检查委员会　山东省监察委员会　主编

主管单位　山东出版传媒股份有限公司
出版发行　山东人民出版社
出 版 人　胡长青
社　　址　济南市市中区舜耕路517号
邮　　编　250003
电　　话　总编室（0531）82098914
　　　　　市场部（0531）82098027 / 18253196505
网　　址　http://www.sd-book.com.cn
印　　装　济南新先锋彩印有限公司
经　　销　新华书店

规　　格　16开（170mm×220mm）
印　　张　14
字　　数　190千字
版　　次　2024年1月第1版
印　　次　2024年1月第1次
ISBN 978-7-209-14709-5
定　　价　49.00元

编委会

前　言

党的十八大以来，以习近平同志为核心的党中央高度重视党规党纪和国家法律建设，不断扎紧织密制度笼子，要求党规制定、党纪教育、执纪监督全过程都要贯彻严的要求，既为广大党员干部和公职人员立规矩划红线，也为纪检监察机关依规依纪依法履职明确了依据遵循。

为深入贯彻落实中央《关于加强新时代廉洁文化建设的意见》，进一步满足广大党员干部、公职人员学习党纪法规的需要，我们系统梳理了《中国共产党章程》《中国共产党纪律处分条例》《中华人民共和国监察法》《中华人民共和国公职人员政务处分法》等党纪法规中的重点内容，汇编形成《图说纪检监察》，立体呈现广大党员干部、公职人员应知应会的基础知识、违纪和违法犯罪具体行为及处理规定。2023年12月，中共中央印发修订后的《中国共产党纪律处分条例》，我们又及时将贯彻党中央决策部署打折扣搞变通、结交政治骗子、滥用问责、统计造假等执纪监督中的重点难点问题充实到违纪情形中，并细化处分规定，既突出政治纪律和政治规矩，又让党员干部重视、警醒、知止，使铁的纪律真正转化为党员干部的日常习惯和自觉遵循。

按照简洁活泼、通俗易懂的要求，本书采用漫画插图和条文规定相结合的形式，希望读者能在轻松快乐的阅读中，深刻领悟习近平总书记关于推进党的自我革命、健全全面从严治党体系、全面加强党的纪律建设重要论述，自觉提高政治站位、强化纪法意识，搞清楚能干什么、不能干什么，不断筑牢思想道德防线，增强拒腐防变能力，切实做到依法履职、廉洁从政，为不断实现干部清正、政府清廉、政治清明、社会清朗贡献力量。

由于时间仓促，编者水平有限，本书难免有疏漏之处，敬请广大读者批评指正。

目　录

基础知识

JICHU ZHISHI

加强纪律性革命无不胜

001

党的纪律是党的各级组织和全体党员必须遵守的行为规则。党组织和党员必须坚守初心使命，牢固树立政治意识、大局意识、核心意识、看齐意识，始终坚定道路自信、理论自信、制度自信、文化自信，切实践行正确的权力观、政绩观、事业观，自觉遵守和维护党章，严格执行和维护党的纪律，自觉接受党的纪律约束，模范遵守国家法律法规。

中国共产党首届中央监察委员会的十名委员

002

中国共产党自成立之日起就注重加强纪律建设。1927年5月，党的五大选举产生了中央监察委员会，这是党的历史上第一个中央纪律检查机构。1949年11月，中共中央成立由朱德等十一人组成的中共中央纪律检查委员会，执政后的中国共产党有了专门负责纪律的正式机构。1978年12月，党的十一届三中全会选举产生了以陈云为第一书记的中共中央纪律检查委员会。

003

党的各级纪律检查委员会是党内监督专责机关，职责是监督、执纪、问责。主要任务是维护党的章程和其他党内法规，检查党的路线、方针、政策和决议的执行情况，协助党的委员会推进全面从严治党、加强党风建设和组织协调反腐败工作，推动完善党和国家监督体系。

004

党的各级纪律检查委员会对反映党组织、党员的问题线索经过初步核实，对于涉嫌违纪、需要追究党纪责任的，应当按照规定予以立案审查。

005

党的纪律主要包括政治纪律、组织纪律、廉洁纪律、群众纪律、工作纪律、生活纪律。

006

党的规矩是党的各级组织和全体党员必须遵守的行为规范和规则，主要包括党章、党的纪律、国家法律、党在长期实践中形成的优良传统和工作惯例。

007

1949年10月，中央人民政府政务院人民监察委员会成立；1954年9月，改组为国务院监察部；2018年3月，第十三届全国人民代表大会第一次会议审议通过《中华人民共和国监察法》。监察委员会由同级人民代表大会产生，与各级党的纪律检查委员会合署办公，实现党内监督和国家机关监督、党的纪律检查和国家监察有机统一，实现对所有行使公权力的公职人员监察全覆盖。

008

各级监察委员会是行使国家监察职能的专责机关，依法对所有行使公权力的公职人员进行监察，调查职务违法和职务犯罪，开展廉政建设和反腐败工作，维护宪法和法律的尊严。

009

监察委员会依法履行监督、调查、处置职责：（一）对公职人员开展廉政教育，对其依法履职、秉公用权、廉洁从政从业以及道德操守情况进行监督检查；（二）对涉嫌贪污贿赂、滥用职权、玩忽职守、权力寻租、利益输送、徇私舞弊以及浪费国家资财等职务违法和职务犯罪进行调查；（三）对违法的公职人员依法作出政务处分决定；对履行职责不力、失职失责的领导人员进行问责；对涉嫌职务犯罪的，将调查结果移送人民检察院依法审查、提起公诉；向监察对象所在单位提出监察建议。

010

一体推进不敢腐、不能腐、不想腐，不仅是反腐败斗争的基本方针，也是新时代全面从严治党的重要方略。不敢腐，侧重于惩治和威慑；不能腐，侧重于制约和监督；不想腐，侧重于教育和引导。

011

坚持惩前毖后、治病救人，执纪必严、违纪必究，抓早抓小、防微杜渐，按照错误性质和情节轻重，给以批评教育、责令检查、诫勉直至纪律处分。

012

党员必须履行下列义务：认真学习马克思列宁主义、毛泽东思想、邓小平理论、“三个代表”重要思想、科学发展观、习近平新时代中国特色社会主义思想，学习党的路线、方针、政策和决议，学习党的基本知识和党的历史，学习科学、文化、法律和业务知识，努力提高为人民服务的本领。

013

党员有权按照规定参加党的有关会议、阅读党的有关文件，了解党的路线方针政策和决议；有权提出教育培训要求，参加党组织安排的集中学习教育、专题学习教育、集中轮训、脱产培训、网络培训。

014

党员有权在党的会议上以口头或者书面方式有根据地批评党的任何组织和任何党员，揭露、要求纠正工作中存在的缺点和问题，在民主评议中指出领导干部和其他党员的缺点错误；有权向党组织反映对本人所在党组织、领导干部、其他党员的意见；有权向党组织负责地揭发、检举党的任何组织和任何党员的违纪违法事实，提出处理、处分有违纪违法行为党组织和党员的要求。

015

党员缺乏革命意志，不履行党员义务，不符合党员条件，党的支部应当对他进行教育，要求他限期改正；经教育仍无转变的，应当劝他退党。

016

党内政治生活基本规范的主要内容是实事求是、理论联系实际、密切联系群众、批评和自我批评、民主集中制、严明党的纪律等。

017

开展党内政治生活的首要任务是坚定理想信念。

018

“四个服从”是指党员个人服从党的组织，少数服从多数，下级组织服从上级组织，全党各个组织和全体党员服从党的全国代表大会和中央委员会。“四个服从”的核心是全党各个组织和全体党员服从党的全国代表大会和中央委员会。

019

全党必须牢固树立的“四个意识”是，政治意识、大局意识、核心意识、看齐意识。

020

对党中央的决策部署，不准合意的执行、不合意的不执行，不准先斩后奏，更不准口是心非、阳奉阴违。

021

加强党的政治建设，目的是坚定政治信仰，强化政治领导，提高政治能力，净化政治生态，实现全党团结统一、行动一致。

022

坚持和加强党的全面领导，最重要的是坚决维护党中央权威和集中统一领导；坚决维护党中央权威和集中统一领导，最关键的是坚决维护习近平总书记党中央的核心、全党的核心地位。

023

严明党的政治纪律和政治规矩要坚持的“五个必须”：必须维护党中央权威，决不允许背离党中央要求另搞一套；必须维护党的团结，决不允许在党内培植个人势力；必须遵循组织程序，决不允许擅作主张、我行我素；必须服从组织决定，决不允许搞非组织活动；必须管好领导干部亲属和身边工作人员，决不允许他们擅权干政、谋取私利。

024

发展积极健康的党内政治文化要大力倡导的三种关系是，清清爽爽的同志关系、规规矩矩的上下级关系、干干净净的政商关系，弘扬正气、树立新风。

025

党员应当坚持公私分明，先公后私，克己奉公；坚持崇廉拒腐，清白做人，干净做事；坚持尚俭戒奢，艰苦朴素，勤俭节约；坚持吃苦在前，享受在后，甘于奉献。

026

党员领导干部应当廉洁从政，自觉保持人民公仆本色；廉洁用权，自觉维护人民根本利益；廉洁修身，自觉提升思想道德境界；廉洁齐家，自觉带头树立良好家风。

027

建立健全党中央统一领导，党委（党组）全面监督，纪律检查机关专责监督，党的工作部门职能监督，党的基层组织日常监督，党员民主监督的党内监督体系。

028

深化运用监督执纪“四种形态”，经常开展批评和自我批评，及时进行谈话提醒、批评教育、责令检查、诫勉，让“红红脸、出出汗”成为常态；党纪轻处分、组织调整成为违纪处理的大多数；党纪重处分、重大职务调整的成为少数；严重违纪涉嫌犯罪追究刑事责任的成为极少数。

029

纪检监察机关开展政治监督的重点是监督党组织、党员特别是领导干部：对党忠诚，坚持党的领导，贯彻落实党的理论和路线方针政策、党中央决策部署，践行“两个维护”的情况；坚定理想信念宗旨，牢记初心使命，践行入党誓词，坚持中国特色社会主义制度的情况；落实全面从严治党主体责任和监督责任的情况；贯彻执行民主集中制，公正用权、依法用权、廉洁用权、担当作为的情况。

030

党委（党组）应当履行全面从严治党主体责任，加强对本地区本部门本单位问责工作的领导，追究在党的建设、党的事业中失职失责党组织和党的领导干部的主体责任、监督责任、领导责任。

031

《中国共产党问责条例》规定，问责对象是党组织、党的领导干部，重点是党委（党组）、党的工作机关及其领导成员，纪委、纪委派驻（派出）机构及其领导成员。

032

《中国共产党问责条例》规定，对党组织的问责，根据危害程度以及具体情况，可以采取检查、通报、改组的方式。

033

《中国共产党问责条例》规定，对党的领导干部的问责，根据危害程度以及具体情况，可以采取通报、诫勉、组织调整或者组织处理、纪律处分的方式。

034

党组织应当建立健全激励机制，把党员在推进改革中因缺乏经验、先行先试出现的失误错误，同明知故犯的违纪违法行为区分开来；把尚无明确限制的探索性试验中的失误错误，同明令禁止后依然我行我素的违纪违法行为区分开来；把为推动发展的无意过失，同为谋取私利的违纪违法行为区分开来。

035

实行终身问责，对失职失责性质恶劣、后果严重的，不论其责任人是否调离转岗、提拔或者退休等，都应当严肃问责。

036

在接受问责调查和处理中，不如实报告情况，敷衍塞责、推卸责任，或者唆使、默许有关部门和人员弄虚作假，阻扰问责工作的，应当从重或者加重问责。

037

组织处理，是指党组织对违规违纪违法、失职失责失范的领导干部采取的岗位、职务、职级调整措施，包括停职检查、调整职务、责令辞职、免职、降职。

038

党组织和党员违反党章和其他党内法规，违反国家法律法规，违反党和国家政策，违反社会主义道德，危害党、国家和人民利益的行为，依照规定应当给予纪律处理或者处分的，都必须受到追究。

039

《中国共产党纪律处分条例》所称直接责任者，是指在其职责范围内，不履行或者不正确履行自己的职责，对造成的损失或者后果起决定性作用的党员或者党员领导干部。

040

《中国共产党纪律处分条例》所称领导责任者，包括主要领导责任者和重要领导责任者。主要领导责任者，是指在其职责范围内，对主管的工作不履行或者不正确履行职责，对造成的损失或者后果负直接领导责任的党员领导干部；重要领导责任者，是指在其职责范围内，对应管的工作或者参与决定的工作不履行或者不正确履行职责，对造成的损失或者后果负次要领导责任的党员领导干部。

041

《中国共产党纪律处分条例》所称主动交代，是指涉嫌违纪的党员在组织谈话函询、初步核实前向有关组织交代自己的问题，或者在谈话函询、初步核实和立案审查期间交代组织未掌握的问题。

042

党纪处分决定作出后，应当在一个月内向受处分党员所在党的基层组织中的全体党员及其本人宣布，是领导班子成员的还应当向所在党组织领导班子宣布，并按照干部管理权限和组织关系将处分决定材料归入受处分者档案；对于受到撤销党内职务以上处分的，还应当在一个月内办理职务、工资、工作及其他有关待遇等相应变更手续；涉及撤销或者调整其党外职务的，应当建议党外组织及时撤销或者调整其党外职务。

043

关于改进工作作风、密切联系群众的八项规定，是指改进调查研究、精简会议活动、精简文件简报、规范出访活动、改进警卫工作、改进新闻报道、严格文稿发表、厉行勤俭节约。

044

“四风”指形式主义、官僚主义、享乐主义、奢靡之风。

045

《党政机关厉行节约反对浪费条例》所称浪费，是指党政机关及其工作人员违反规定进行不必要的公务活动，或者在履行公务中超出规定范围、标准和要求，不当使用公共资金、资产和资源，给国家和社会造成损失的行为。

046

国内公务是指出席会议、考察调研、执行任务、学习交流、检查指导、请示汇报工作等公务活动。

047

纪检监察机关处置问题线索的方式有谈话函询、初步核实、暂存待查、予以了结。

048

被函询人应当在收到函件后十五个工作日内写出说明材料，由其所在党委(党组)主要负责人签署意见后发函回复。

强基铸魂锻铁军

049

党委（党组）、纪委监委（纪检监察组）应当对具有可查性的涉嫌违纪或者职务违法、职务犯罪问题线索，扎实开展初步核实工作，收集客观性证据，确保真实性和准确性。

050

纪检监察机关经过初步核实，对党员、干部以及监察对象涉嫌违纪或者职务违法、职务犯罪，需要追究纪律或者法律责任的，应当立案审查调查。凡报请批准立案的，应当已经掌握部分违纪或者职务违法、职务犯罪事实和证据，具备进行审查调查的条件。

051

被调查人涉嫌贪污贿赂、失职渎职等严重职务违法或者职务犯罪，监察机关已经掌握其部分违法犯罪事实及证据，仍有重要问题需要进一步调查，并有涉及案情重大、复杂，可能逃跑、自杀，可能串供或者伪造、隐匿、毁灭证据，可能有其他妨碍调查行为的情形之一的，经监察机关依法审批，可以将其留置在特定场所。

052

检举控告人使用本人真实姓名或者本单位名称，有电话等具体联系方式的，属于实名检举控告。

053

采取捏造事实、伪造材料等方式反映问题，意图使他人受到不良政治影响、名誉损失或者责任追究的，属于诬告陷害。

监察对象

054

中国共产党机关、人民代表大会及其常务委员会机关、人民政府、监察委员会、人民法院、人民检察院、中国人民政治协商会议各级委员会机关、民主党派机关和工商业联合会机关的公务员，以及参照《中华人民共和国公务员法》管理的人员属于监察对象。

055

法律法规授权或者受国家机关依法委托管理公共事务的组织中从事公务的人员属于监察对象。主要是指在上述组织中，除参照公务员法管理的人员外，对公共事务履行组织、领导、管理、监督等职责的人员，包括具有公共事务管理职能的行业协会等组织中从事公务的人员，以及法定检验检测、检疫等机构中从事公务的人员属于监察对象。

056

公办的教育、科研、文化、医疗卫生、体育等单位中从事管理的人员属于监察对象。主要是指国家为了社会公益目的，由国家机关举办或者其他组织利用国有资产举办的教育、科研、文化、医疗卫生、体育等事业单位中，从事组织、领导、管理、监督等工作的人员。

057

国有企业管理人员属于监察对象。主要是指在国有独资、全资公司、企业中履行组织、领导、管理、监督等职责的人员；经党组织或者国家机关，国有独资、全资公司、企业，事业单位提名、推荐、任命、批准等，在国有控股、参股公司及其分支机构中履行组织、领导、管理、监督等职责的人员；经国家出资企业中负有管理、监督国有资产职责的组织批准或者研究决定，代表其在国有控股、参股公司及其分支机构中从事组织、领导、管理、监督等工作的人员。

058

基层群众性自治组织中从事管理的人员属于监察对象。主要是指从事集体事务和公益事业管理的人员；从事集体资金、资产、资源管理的人员；协助人民政府从事行政管理工作的人员。

059

虽未列入党政机关人员编制，但在党政机关中从事公务的人员属于监察对象。

060

决定给予政务处分的，监察机关应当制作政务处分决定书，载明被处分人的姓名、工作单位和职务；违法事实和证据；政务处分的种类和依据；不服政务处分决定，申请复审、复核的途径和期限；作出政务处分决定的机关名称和日期。

061

公职人员受到政务处分的，应当将政务处分决定书存入其本人档案。

062

被责令检查的公职人员应当作出书面检查并进行整改。整改情况在一定范围内通报。

063

有关机关、单位无正当理由拒不采纳监察建议的，由其上级机关、主管部门责令改正，对该机关、单位给予通报批评，对负有责任的领导人员和直接责任人员依法给予处理。

064

监察机关负责调查的职务违法行为是指公职人员实施的与其职务相关联，虽不构成犯罪但依法应当承担法律责任的行为。主要包括利用职权实施的违法行为，利用职务上的影响实施的违法行为，履行职责不力、失职失责的违法行为，以及其他违反与公职人员职务相关的特定义务的违法行为。

065

监察机关依法调查公职人员涉嫌贪污贿赂、滥用职权、玩忽职守、徇私舞弊、在行使公权力过程中涉及的重大责任事故犯罪以及其他职务犯罪。

066

涉嫌职务犯罪的被调查人，有职务犯罪问题未被监察机关掌握，向监察机关投案；在监察机关谈话、函询过程中，如实交代监察机关未掌握的涉嫌职务犯罪问题；在初步核实阶段，尚未受到监察机关谈话时投案；职务犯罪问题虽被监察机关立案，但尚未受到讯问或者采取留置措施，向监察机关投案等十种情形之一，且如实交代自己主要犯罪事实的，可以认定为自动投案，真诚悔罪悔过。

067

监察对象对监察机关作出的涉及本人的处理决定不服的，可以在收到处理决定之日起一个月内，向作出决定的监察机关申请复审，复审机关应当在一个月内作出复审决定。复审期间，不停止原处理决定的执行。

068

有关人员不按要求提供有关材料，拒绝、阻碍调查措施实施等拒不配合监察机关调查的，由其所在单位、主管部门、上级机关或者监察机关责令改正，依法给予处理。

069

故意犯罪是指，明知自己的行为会发生危害社会的结果，并且希望或者放任这种结果发生，因而构成的犯罪。

070

刑罚主刑有管制、拘役、有期徒刑、无期徒刑、死刑。

071

刑罚附加刑有罚金、剥夺政治权利、没收财产。

072

对多次受贿未经处理的，累计计算受贿数额。

073

贿赂犯罪中的“财物”，包括货币、物品和财产性利益。财产性利益包括可以折算为货币的物质利益如房屋装修、债务免除等，以及需要支付货币的其他利益如会员服务、旅游等。

违纪具体行为及处理规定

WEIJI JUTI XINGWEI JI CHULI GUIDING

074

对党员的纪律处分种类有警告、严重警告、撤销党内职务、留党察看、开除党籍。

075

对于违犯党纪的党组织，上级党组织应当责令其作出书面检查或者给予通报批评。对于严重违犯党纪、本身又不能纠正的党组织，上一级党的委员会在查明核实后，根据情节严重的程度，可以予以改组或解散。

076

从轻处分，是指在《中国共产党纪律处分条例》规定的违纪行为应当受到的处分幅度以内，给予较轻的处分。

077

减轻处分，是指在《中国共产党纪律处分条例》规定的违纪行为应当受到的处分幅度以外，减轻一档给予处分。

078

从重处分，是指在《中国共产党纪律处分条例》规定的违纪行为应当受到的处分幅度以内，给予较重的处分。

079

加重处分，是指在《中国共产党纪律处分条例》规定的违纪行为应当受到的处分幅度以外，加重一档给予处分。

080

〖政治纪律〗在重大原则问题上不同党中央保持一致且有实际言论、行为或者造成不良后果的，依据情节轻重给予纪律处分。

081

〖政治纪律〗通过网络、广播、电视、报刊、传单、书籍等，或者利用讲座、论坛、报告会、座谈会等方式，公开发表违背四项基本原则，违背、歪曲党的改革开放决策，或者其他有严重政治问题的文章、演说、宣言、声明等的，依据情节轻重给予纪律处分。

082

〖政治纪律〗通过网络、广播、电视、报刊、传单、书籍等，或者利用讲座、论坛、报告会、座谈会等方式，丑化党和国家形象，或者诋毁、诬蔑党和国家领导人、英雄模范，或者歪曲党的历史、中华人民共和国历史、人民军队历史的，依据情节轻重给予纪律处分。

083

〖政治纪律〗在党内搞团团伙伙、结党营私、拉帮结派、政治攀附、培植个人势力等非组织活动，或者通过搞利益交换、为自己营造声势等活动捞取政治资本的，给予严重警告或者撤销党内职务处分；导致本地区、本部门、本单位政治生态恶化的，给予留党察看或者开除党籍处分。

084

〖政治纪律〗搞投机钻营，结交政治骗子或者被政治骗子利用的，给予严重警告或者撤销党内职务处分；情节严重的，给予留党察看或者开除党籍处分。充当政治骗子的，给予撤销党内职务、留党察看或者开除党籍处分。

085

〖政治纪律〗党员领导干部在本人主政的地方或者分管的部门自行其是，搞山头主义，拒不执行党中央确定的大政方针，甚至背着党中央另搞一套的，给予撤销党内职务、留党察看或者开除党籍处分。

086

〖政治纪律〗贯彻党中央决策部署只表态不落实，或者落实党中央决策部署不坚决，打折扣、搞变通，在政治上造成不良影响或者严重后果的，给予警告或者严重警告处分；情节严重的，给予撤销党内职务、留党察看或者开除党籍处分。不顾党和国家大局，搞部门或者地方保护主义的，依照前款规定处理。

087

〖政治纪律〗党员领导干部政绩观错位，违背新发展理念、背离高质量发展要求，给党、国家和人民利益造成较大损失的，给予警告或者严重警告处分；情节较重的，给予撤销党内职务或者留党察看处分；情节严重的，给予开除党籍处分。搞劳民伤财的“形象工程”、“政绩工程”的，从重或者加重处分。

088

〖政治纪律〗对党不忠诚不老实，表里不一，阳奉阴违，欺上瞒下，搞两面派，做两面人，在政治上造成不良影响的，依据情节轻重给予纪律处分。

089

〖政治纪律〗制造、散布、传播政治谣言，破坏党的团结统一的，依据情节轻重给予纪律处分。

090

〖政治纪律〗政治品行恶劣，匿名诬告，有意陷害或者制造其他谣言，造成损害或者不良影响的，依据情节轻重给予纪律处分。

091

〖政治纪律〗不按照有关规定向组织请示、报告重大事项，对直接责任者和领导责任者，情节较重的，给予警告或者严重警告处分；情节严重的，给予撤销党内职务或者留党察看处分。

092

〖政治纪律〗干扰巡视巡察工作或者不落实巡视巡察整改要求，对直接责任者和领导责任者，依据情节轻重给予纪律处分。

093

〖政治纪律〗串供或者伪造、销毁、转移、隐匿证据；阻止他人揭发检举、提供证据材料；包庇同案人员；向组织提供虚假情况，掩盖事实；或者存在其他对抗组织审查行为的，依据情节轻重给予纪律处分。

094

〖政治纪律〗组织、参加会道门或者邪教组织的，对策划者、组织者和骨干分子，给予开除党籍处分。对其他参加人员，情节较轻的，给予警告或者严重警告处分；情节较重的，给予撤销党内职务或者留党察看处分；情节严重的，给予开除党籍处分。对不明真相的参加人员，经批评教育后确有悔改表现的，可以免予处分或者不予处分。

095

〖政治纪律〗对信仰宗教的党员，应当加强思想教育，要求其限期改正；经党组织帮助教育仍没有转变的，应当劝其退党；劝而不退的，予以除名；参与利用宗教搞煽动活动的，给予开除党籍处分。

096

〖政治纪律〗组织迷信活动的，给予撤销党内职务或者留党察看处分；情节严重的，给予开除党籍处分。参加迷信活动或者个人搞迷信活动，造成不良影响的，依据情节轻重给予纪律处分。对不明真相的参加人员，经批评教育后确有悔改表现的，可以免予处分或者不予处分。

097

〖政治纪律〗不履行全面从严治党主体责任、监督责任或者履行全面从严治党主体责任、监督责任不力，给党组织造成严重损害或者严重不良影响的，对直接责任者和领导责任者，给予警告或者严重警告处分；情节严重的，给予撤销党内职务或者留党察看处分。

098

〖政治纪律〗违反党的优良传统和工作惯例等党的规矩，在政治上造成不良影响或者严重后果的，依据情节轻重给予纪律处分。

099

〖组织纪律〗违反民主集中制原则，存在拒不执行或者擅自改变党组织作出的重大决定；违反议事规则，个人或者少数人决定重大问题；故意规避集体决策，决定重大事项、重要干部任免、重要项目安排和大额资金使用；以及借集体决策名义集体违规等行为之一的，给予警告或者严重警告处分；情节严重的，给予撤销党内职务或者留党察看处分。

100

〖组织纪律〗拒不执行党组织的分配、调动、交流等决定的，给予警告、严重警告或者撤销党内职务处分。在特殊时期或者紧急状况下，拒不执行党组织决定的，给予留党察看或者开除党籍处分。

101

〖组织纪律〗在党组织纪律审查中，依法依规负有作证义务的党员拒绝作证或者故意提供虚假情况，情节较重的，给予警告或者严重警告处分；情节严重的，给予撤销党内职务、留党察看或者开除党籍处分。

102

〖组织纪律〗违反个人有关事项报告规定，隐瞒不报，情节较重的，给予警告或者严重警告处分。

103

〖组织纪律〗在组织进行谈话、函询时，不如实向组织说明问题，情节较重的，给予警告或者严重警告处分。

104

〖组织纪律〗不按要求报告或者不如实报告个人去向，情节较重的，给予警告或者严重警告处分。

105

〖组织纪律〗篡改、伪造个人档案资料的，给予严重警告处分；情节严重的，给予撤销党内职务或者留党察看处分。

106

〖组织纪律〗党员领导干部违反有关规定组织、参加自发成立的老乡会、校友会、战友会等，情节严重的，给予警告、严重警告或者撤销党内职务处分。

107

〖组织纪律〗在民主推荐、民主测评、组织考察和党内选举中搞拉票、助选等非组织活动的，依据情节轻重给予纪律处分。搞有组织的拉票贿选，或者用公款拉票贿选的，从重或者加重处分。

108

〖组织纪律〗在干部选拔任用工作中，有任人唯亲、排斥异己、封官许愿、说情干预、跑官要官、突击提拔或者调整干部等违反干部选拔任用规定行为，对直接责任者和领导责任者，依据情节轻重给予纪律处分。

109

〖组织纪律〗弄虚作假，骗取职务、职级、职称、待遇、资格、学历、学位、荣誉、称号或者其他利益的，给予警告或者严重警告处分；情节较重的，给予撤销党内职务或者留党察看处分；情节严重的，给予开除党籍处分。

110

〖组织纪律〗对批评、检举、控告进行阻挠、压制，或者将批评、检举、控告材料私自扣压、销毁，或者故意将其泄露给他人的，依据情节轻重给予纪律处分。

111

〖廉洁纪律〗利用职权或者职务上的影响为他人谋取利益，本人的配偶、子女及其配偶等亲属和其他特定关系人收受对方财物，依据情节轻重给予纪律处分。

114

〖廉洁纪律〗借用管理和服务对象的钱款、住房、车辆等，可能影响公正执行公务的，依据情节轻重给予纪律处分。

115

〖廉洁纪律〗通过民间借贷等金融活动获取大额回报，可能影响公正执行公务的，依据情节轻重给予纪律处分。

116

〖廉洁纪律〗利用职权或者职务上的影响操办婚丧喜庆事宜，造成不良影响的，给予警告或者严重警告处分；情节严重的，给予撤销党内职务处分；借机敛财或者有其他侵犯国家、集体和人民利益行为的，从重或者加重处分，直至开除党籍。

117

〖廉洁纪律〗接受、提供可能影响公正执行公务的宴请或者旅游、健身、娱乐等活动安排，情节较重的，给予警告或者严重警告处分；情节严重的，给予撤销党内职务或者留党察看处分。

118

〖廉洁纪律〗利用参与企业重组改制、定向增发、兼并投资、土地使用权出让等工作中掌握的信息买卖股票，利用职权或者职务上的影响通过购买信托产品、基金等方式非正常获利的，依据情节轻重给予纪律处分。

119

〖廉洁纪律〗利用职权或者职务上的影响，为配偶、子女及其配偶等亲属和其他特定关系人在审批监管、资源开发、金融信贷、大宗采购、土地使用权出让、房地产开发、工程招投标以及公共财政收支等方面谋取利益，或者吸收存款、推销金融产品、经营名贵特产类特殊资源等提供帮助谋取利益的，依据情节轻重给予纪律处分。

120

〖廉洁纪律〗离职或者退（离）休后利用原职权或者职务上的影响，为配偶、子女及其配偶等亲属和其他特定关系人从事经营活动谋取利益，或者为他人谋取利益，本人的配偶、子女及其配偶等亲属和其他特定关系人收受对方财物，依据情节轻重给予纪律处分。

121

〖廉洁纪律〗违反有关规定组织、参加用公款支付的宴请、娱乐、健身活动，或者用公款购买赠送或者发放礼品、消费卡（券）等，对直接责任者和领导责任者，依据情节轻重给予纪律处分。

122

〖廉洁纪律〗存在公款旅游或者以学习培训、考察调研、职工疗养等为名变相公款旅游；改变公务行程，借机旅游；参加所管理企业、下属单位组织的考察活动，借机旅游等行为之一的，或者以考察、学习、培训、研讨、招商、参展等名义变相用公款出国（境）旅游的，对直接责任者和领导责任者，依据情节轻重给予纪律处分。

123

〖廉洁纪律〗擅自举办评比达标表彰、创建示范活动或者借评比达标表彰、创建示范活动收取费用的，对直接责任者和领导责任者，情节较重的，给予警告或者严重警告处分；情节严重的，给予撤销党内职务处分。

124

〖群众纪律〗存在超标准、超范围向群众筹资筹劳、摊派费用，加重群众负担；违反有关规定扣留、收缴群众款物或者处罚群众；克扣群众财物，或者违反有关规定拖欠群众钱款；在管理、服务活动中违反有关规定收取费用；在办理涉及群众事务时刁难群众、吃拿卡要；或者其他侵害群众利益等行为之一的，对直接责任者和领导责任者，依据情节轻重给予纪律处分。在乡村振兴领域有上述行为的，从重或者加重处分。

125

〖群众纪律〗在社会保障、社会救助、政策扶持、救灾救济款物分配等事项中优亲厚友、明显有失公平的，依据情节轻重给予纪律处分。

126

〖群众纪律〗利用宗族或者黑恶势力等欺压群众，或者纵容涉黑涉恶活动、为黑恶势力充当“保护伞”的，给予撤销党内职务或者留党察看处分；情节严重的，给予开除党籍处分。

127

〖群众纪律〗对涉及群众生产、生活等切身利益的问题依照政策或者有关规定能解决而不及时解决，庸懒无为、效率低下，造成不良影响的，对直接责任者和领导责任者，情节较重的，给予警告或者严重警告处分；情节严重的，给予撤销党内职务或者留党察看处分。

128

〖群众纪律〗对待群众态度恶劣、简单粗暴，造成不良影响的，对直接责任者和领导责任者，情节较重的，给予警告或者严重警告处分；情节严重的，给予撤销党内职务或者留党察看处分。

129

〖群众纪律〗遇到国家财产和群众生命财产受到严重威胁时，能救而不救，情节较重的，给予警告、严重警告或者撤销党内职务处分；情节严重的，给予留党察看或者开除党籍处分。

130

〖群众纪律〗不按照规定公开党务、政务、厂务、村(居)务等，侵犯群众知情权，对直接责任者和领导责任者，情节较重的，给予警告或者严重警告处分；情节严重的，给予撤销党内职务或者留党察看处分。

131

〖工作纪律〗工作中不负责任或者疏于管理，贯彻执行、检查督促落实上级决策部署不力，给党、国家和人民利益以及公共财产造成较大损失的，对直接责任者和领导责任者，给予警告或者严重警告处分；造成重大损失的，给予撤销党内职务、留党察看或者开除党籍处分。

132

〖工作纪律〗工作中不敢斗争、不愿担当，面对重大矛盾冲突、危机困难临阵退缩，造成不良影响或者严重后果的，给予警告或者严重警告处分；情节严重的，给予撤销党内职务、留党察看或者开除党籍处分。

133

〖工作纪律〗工作中存在热衷于搞舆论造势、浮在表面；单纯以会议贯彻会议、以文件落实文件，在实际工作中不见诸行动；脱离实际，不作深入调查研究，搞随意决策、机械执行；违反精文减会有关规定搞文山会海；在督查检查考核等工作中搞层层加码、过度留痕，增加基层工作负担；或者其他形式主义、官僚主义行为之一，造成严重损害或者严重不良影响的，对直接责任者和领导责任者，依据情节轻重给予纪律处分。

134

〖工作纪律〗在公务活动用餐、单位食堂用餐管理工作中不履行或者不正确履行宣传教育、监督管理职责，导致餐饮浪费，造成严重不良影响的，对直接责任者和领导责任者，给予警告或者严重警告处分；情节严重的，给予撤销党内职务处分。

135

〖工作纪律〗在信访工作中，存在不按照规定受理、办理信访事项；对规模性集体访等处置不力，导致事态扩大；对党委和政府信访部门提出的改进工作、完善政策等建议重视不够、落实不力，导致问题长期得不到解决；或者其他不履行或者不正确履行信访工作职责等行为之一，造成不良影响或者严重后果的，对直接责任者和领导责任者，依据情节轻重给予纪律处分。

136

〖工作纪律〗党组织在党员被立案审查期间，擅自批准其出差、出国（境）、辞职，或者对其交流、提拔职务、晋升职级、进一步使用、奖励，或者办理退休手续的，对直接责任者和领导责任者，情节较重的，给予警告或者严重警告处分；情节严重的，给予撤销党内职务或者留党察看处分。

137

〖工作纪律〗党纪处分决定或者申诉复查决定作出后，党组织不按照规定落实决定中关于被处分人党籍、职务、职级、待遇等事项的，对直接责任者和领导责任者，情节较重的，给予警告或者严重警告处分；情节严重的，给予撤销党内职务或者留党察看处分。

138

〖工作纪律〗滥用问责，或者在问责工作中严重不负责任，造成不良影响的，对直接责任者和领导责任者，给予警告或者严重警告处分；情节严重的，给予撤销党内职务处分。

139

〖工作纪律〗进行统计造假，对直接责任者和领导责任者，依据情节轻重给予纪律处分。对统计造假失察，造成严重后果的，对直接责任者和领导责任者，给予警告或者严重警告处分；情节严重的，给予撤销党内职务、留党察看或者开除党籍处分。

140

〖工作纪律〗在上级检查、视察工作或者向上级汇报、报告工作时纵容、唆使、暗示、强迫下级说假话、报假情的，从重或者加重处分。

141

〖工作纪律〗党员领导干部违反有关规定干预和插手建设工程项目承发包、土地使用权出让、政府采购、房地产开发与经营、矿产资源开发利用、中介机构服务等活动的，依据情节轻重给予纪律处分。

142

〖工作纪律〗违反有关规定干预和插手司法活动、执纪执法活动，向有关地方或者部门打听案情、打招呼、说情，或者以其他方式对司法活动、执纪执法活动施加影响的，依据情节轻重给予纪律处分。违反有关规定干预和插手公共财政资金分配、项目立项评审、功勋荣誉表彰奖励等活动，造成重大损失或者不良影响的，依据情节轻重给予纪律处分。

143

〖工作纪律〗按照有关规定对干预和插手行为负有报告和登记义务的受请托人，不按照规定报告或者登记，情节较重的，给予警告或者严重警告处分；情节严重的，给予撤销党内职务处分。

144

〖工作纪律〗泄露、扩散或者打探、窃取党组织关于干部选拔任用、纪律审查、巡视巡察等尚未公开事项或者其他应当保密的内容的，依据情节轻重给予纪律处分。

145

〖生活纪律〗生活奢靡、铺张浪费、贪图享乐、追求低级趣味，造成不良影响的，给予警告或者严重警告处分；情节严重的，给予撤销党内职务处分。

146

〖生活纪律〗党员领导干部不重视家风建设，对配偶、子女及其配偶失管失教，造成不良影响或者严重后果的，给予警告或者严重警告处分；情节严重的，给予撤销党内职务处分。

147

〖生活纪律〗违背社会公序良俗，在公共场所、网络空间有不当言行，造成不良影响的，给予警告或者严重警告处分；情节较重的，给予撤销党内职务或者留党察看处分；情节严重的，给予开除党籍处分。

148

本地区、本部门、本单位铺张浪费、奢侈奢华问题严重，对发现的问题查处不力，干部群众反映强烈的，追究主要负责人或者有关领导干部的责任。

149

党政机关国内差旅人员应当严格按规定乘坐交通工具、住宿、就餐，费用由所在单位承担；差旅人员住宿、就餐由接待单位协助安排的，必须按标准交纳住宿费、餐费；差旅人员不得向接待单位提出正常公务活动以外的要求，不得接受礼金、礼品和土特产品等。

150

党政机关要建立健全培训审批制度，严格控制培训数量、时间、规模，严禁以培训名义召开会议；严格执行分类培训经费开支标准，严格控制培训经费支出范围，严禁在培训经费中列支公务接待费、会议费等与培训无关的任何费用；严禁以培训名义进行公款宴请、公款旅游活动。

151

违反《党政机关厉行节约反对浪费条例》，用公款支付、报销应由个人支付的费用，应当责令退赔。

图说纪检监察

违法犯罪具体行为及处理规定

WEIFA FANZUI JUTI XINGWEI JI CHULI GUIDING

152

党组织在纪律审查中发现党员有贪污贿赂、滥用职权、玩忽职守、权力寻租、利益输送、徇私舞弊、浪费国家资财等违反法律涉嫌犯罪行为的，应当给予撤销党内职务、留党察看或者开除党籍处分。

153

党组织在纪律审查中发现党员有刑法规定的行为，虽不构成犯罪但须追究党纪责任的，或者有其他破坏社会主义市场经济秩序、违反治安管理等违法行为，损害党、国家和人民利益的，应当视具体情节给予警告直至开除党籍处分。

154

党组织在纪律审查中发现党员严重违纪涉嫌违法犯罪的，原则上先作出党纪处分决定，并按照规定由监察机关给予政务处分或者由任免机关（单位）给予处分后，再移送有关国家机关依法处理。

155

党员犯罪情节轻微，人民检察院依法作出不起诉决定的，或者人民法院依法作出有罪判决并免予刑事处罚的，或者党员犯罪，被单处罚金的，应当给予撤销党内职务、留党察看或者开除党籍处分。

156

党员因故意犯罪被依法判处刑法规定的主刑（含宣告缓刑）的，应当给予开除党籍处分。

157

党员因过失犯罪，被依法判处三年以上（不含三年）有期徒刑的，应当给予开除党籍处分。

158

党员依法受到政务处分、任免机关（单位）给予的处分、行政处罚，应当追究党纪责任的，党组织可以根据生效的处分、行政处罚决定认定的事实、性质和情节，经核实后依照规定给予相应党纪处分或者组织处理。其中，党员依法受到撤职以上处分的，应当依照本条例规定给予撤销党内职务以上处分。

159

政务处分的种类有警告、记过、记大过、降级、撤职、开除。政务处分决定自作出之日起生效，政务处分期自政务处分决定生效之日起计算。

160

公职人员二人以上共同违法，根据各自在违法行为中所起的作用和应当承担的法律责任，分别给予政务处分。

161

有关机关、单位、组织集体作出的决定违法或者实施违法行为的，监察机关应当对负有责任的领导人员和直接责任人员中的公职人员依法给予政务处分。

162

公职人员配合调查，如实说明本人违法事实的，可以从轻或者减轻给予政务处分。

163

公职人员违法行为情节轻微，且主动交代本人应当受到政务处分的违法行为的，可以对其进行谈话提醒、批评教育、责令检查或者予以诫勉，免予或者不予政务处分。

164

公职人员有违法行为，有关机关依照规定给予组织处理的，监察机关可以同时给予政务处分。

165

对公职人员的同一违法行为，监察机关和公职人员任免机关、单位不得重复给予政务处分和处分。

166

担任领导职务的公职人员有违法行为，被罢免、撤销、免去或者辞去领导职务的，监察机关可以同时给予政务处分。

167

公职人员有两个以上违法行为的，监察机关应当分别确定政务处分。应当给予两种以上政务处分的，执行其中最重的政务处分。

168

公职人员因不明真相被裹挟或者被胁迫参与违法活动，经批评教育后确有悔改表现的，监察机关可以减轻、免予或者不予政务处分。

169

公职人员阻止他人检举、提供证据的，监察机关应当从重给予政务处分。

170

公职人员拒不上交或者退赔违法所得的，监察机关应当从重给予政务处分。

171

公职人员因故意犯罪被判处管制、拘役或者有期徒刑以上刑罚（含宣告缓刑）的，予以开除。

172

公务员以及参照《中华人民共和国公务员法》管理的人员在政务处分期内，不得晋升职务、职级、衔级和级别；其中，被记过、记大过、降级、撤职的，不得晋升工资档次。被撤职的，按照规定降低职务、职级、衔级和级别，同时降低工资和待遇。

173

法律、法规授权或者受国家机关依法委托管理公共事务的组织中从事公务的人员，以及公办的教育、科研、文化、医疗卫生、体育等单位中从事管理的人员，在政务处分期内，不得晋升职务、岗位和职员等级、职称；其中，被记过、记大过、降级、撤职的，不得晋升薪酬待遇等级。被撤职的，降低职务、岗位或者职员等级，同时降低薪酬待遇。

174

国有企业管理人员在政务处分期内，不得晋升职务、岗位等级和职称；其中，被记过、记大过、降级、撤职的，不得晋升薪酬待遇等级。被撤职的，降低职务或者岗位等级，同时降低薪酬待遇。

175

基层群众性自治组织中从事集体事务和公益事业管理的人员，从事集体资金、资产、资源管理的人员以及协助人民政府从事行政管理工作的人员有违法行为的，监察机关可以予以警告、记过、记大过。受到政务处分的，县级或者乡镇人民政府应当根据具体情况减发或者扣发补贴、奖金。

176

公职人员违法取得的财物和用于违法行为的本人财物，除依法应当由其他机关没收、追缴或者责令退赔的，由监察机关没收、追缴或者责令退赔；应当退还原所有人或者原持有人的，依法予以退还；属于国家财产或者不应当退还以及无法退还的，上缴国库。

177

公职人员因违法行为获得的职务、职级、衔级、级别、岗位和职员等级、职称、待遇、资格、学历、学位、荣誉、奖励等其他利益，监察机关应当建议有关机关、单位、组织按规定予以纠正。

178

公职人员存在参加非法组织、非法活动，挑拨、破坏民族关系或者参加民族分裂活动，利用宗教活动破坏民族团结和社会稳定等行为的，依据情节轻重给予政务处分。

179

公职人员公开发表反对宪法确立的国家指导思想，反对中国共产党领导，反对社会主义制度，反对改革开放的文章、演说、宣言、声明等的，予以开除。

180

公职人员不按照规定请示、报告重大事项，情节较重的，予以警告、记过或者记大过；情节严重的，予以降级或者撤职。

181

公职人员违反民主集中制原则，个人或者少数人决定重大事项，或者拒不执行、擅自改变集体作出的重大决定的，依据情节轻重给予政务处分。

182

公职人员违反规定出境或者办理因私出境证件的，予以记过或者记大过；情节严重的，予以降级或者撤职。

183

公职人员在选拔任用、录用、聘用、考核、晋升、评选等干部人事工作中违反有关规定的，依据情节轻重给予政务处分。

184

公职人员以暴力、威胁、贿赂、欺骗等手段破坏选举的，依据情节轻重给予政务处分。

185

公职人员存在贪污贿赂，利用职权或者职务上的影响为本人或者他人谋取私利，纵容、默许特定关系人利用本人职权或者职务上的影响谋取私利等行为之一的，依据情节轻重给予政务处分。

186

公职人员拒不按照规定纠正特定关系人违规任职、兼职或者从事经营活动，且不服从职务调整的，予以撤职。

187

向公职人员及其特定关系人赠送可能影响公正行使公权力的礼品、礼金、有价证券等财物，或者接受、提供可能影响公正行使公权力的宴请、旅游、健身、娱乐等活动安排，情节较重的，予以警告、记过或者记大过；情节严重的，予以降级或者撤职。

188

公职人员违反规定，在公务接待、公务交通、会议活动、办公用房以及其他工作生活保障等方面超标准、超范围的，情节较重的，予以警告、记过或者记大过；情节严重的，予以降级或者撤职。

189

公职人员违反规定公款消费，情节较重的，予以警告、记过或者记大过；情节严重的，予以降级或者撤职。

190

公职人员违反规定从事或者参与营利性活动，或者违反规定兼任职务、领取报酬的，依据情节轻重给予政务处分。

191

公职人员存在违反规定向管理服务对象收取、摊派财物；在管理服务活动中故意刁难、吃拿卡要；在管理服务活动中态度恶劣粗暴，造成不良后果或者影响等行为之一的，情节较重的，予以警告、记过或者记大过；情节严重的，予以降级或者撤职。

192

公职人员滥用职权，危害国家利益、社会公共利益或者侵害公民、法人、其他组织合法权益，造成不良后果或者影响的，依据情节轻重给予政务处分。

193

公职人员不履行或者不正确履行职责，玩忽职守，贻误工作，造成不良后果或者影响的，依据情节轻重给予政务处分。

194

公职人员工作中有弄虚作假，误导、欺骗行为，造成不良后果或者影响的，依据情节轻重给予政务处分。

195

公职人员参与或者支持迷信活动，造成不良影响的，依据情节轻重给予政务处分。

196

公职人员参与赌博的，依据情节轻重给予政务处分；组织赌博的，予以撤职或者开除。

197

公职人员依法受到刑事责任追究的，监察机关应当根据司法机关的生效判决、裁定、决定及其认定的事实和情节，依照《中华人民共和国公职人员政务处分法》规定给予政务处分。

198

公职人员依法受到行政处罚，应当给予政务处分的，监察机关可以根据行政处罚决定认定的事实和情节，经立案调查核实后，依照《中华人民共和国公职人员政务处分法》给予政务处分。

199

公职人员涉嫌违法，已经被立案调查，不宜继续履行职责的，公职人员任免机关、单位可以决定暂停其履行职务。

200

监察对象对控告人、申诉人、批评人、检举人、证人、监察人员进行打击、压制等报复陷害的，监察机关应当依法给予政务处分。构成犯罪的，依法追究刑事责任。

201

控告人、检举人、证人采取捏造事实、伪造材料等方式诬告陷害的，监察机关应当依法给予政务处分，或者移送有关机关处理。构成犯罪的，依法追究刑事责任。

202

国家工作人员利用职务上的便利，侵吞、窃取、骗取或者以其他手段非法占有公共财物的，是贪污罪。受国家机关、国有公司、企业、事业单位、人民团体委托管理、经营国有财产的人员，利用职务上的便利，侵吞、窃取、骗取或者以其他手段非法占有国有财物的，以贪污论。

203

国家工作人员利用职务上的便利，挪用公款归个人使用，进行非法活动的，或者挪用公款数额较大、进行营利活动的，或者挪用公款数额较大、超过三个月未还的，是挪用公款罪，处五年以下有期徒刑或者拘役；情节严重的，处五年以上有期徒刑。挪用公款数额巨大不退还的，处十年以上有期徒刑或者无期徒刑。

204

国家工作人员利用职务上的便利，索取他人财物的，或者非法收受他人财物，为他人谋取利益的，是受贿罪。国家工作人员在经济往来中，违反国家规定，收受各种名义的回扣、手续费，归个人所有的，以受贿论处。

205

为谋取不正当利益，给予国家工作人员以财物的，是行贿罪。在经济往来中，违反国家规定，给予国家工作人员以财物，数额较大的，或者违反国家规定，给予国家工作人员以各种名义的回扣、手续费的，以行贿论处。

206

国家工作人员的近亲属或者其他与该国家工作人员关系密切的人，通过该国家工作人员职务上的行为，或者利用该国家工作人员职权或者地位形成的便利条件，通过其他国家工作人员职务上的行为，为请托人谋取不正当利益，索取请托人财物或者收受请托人财物，数额较大或者有其他较重情节的，处三年以下有期徒刑或者拘役，并处罚金；数额巨大或者有其他严重情节的，处三年以上七年以下有期徒刑，并处罚金；数额特别巨大或者有其他特别严重情节的，处七年以上有期徒刑，并处罚金或者没收财产。

207

国家机关、国有公司、企业、事业单位、人民团体，索取、非法收受他人财物，为他人谋取利益，情节严重的，对单位判处罚金，并对其直接负责的主管人员和其他直接责任人员，处五年以下有期徒刑或者拘役。

208

国家机关、国有公司、企业、事业单位、人民团体，违反国家规定，以单位名义将国有资产集体私分给个人，数额较大的，对其直接负责的主管人员和其他直接责任人员，处三年以下有期徒刑或者拘役，并处或者单处罚金；数额巨大的，处三年以上七年以下有期徒刑，并处罚金。

209

国家工作人员的财产、支出明显超过合法收入，差额巨大的，可以责令该国家工作人员说明来源，不能说明来源的，差额部分以非法所得论，处五年以下有期徒刑或者拘役；差额特别巨大的，处五年以上十年以下有期徒刑。财产的差额部分予以追缴。

210

国家工作人员滥用职权或者玩忽职守，致使公共财产、国家和人民利益遭受重大损失的，处三年以下有期徒刑或者拘役；情节特别严重的，处三年以上七年以下有期徒刑。